कोमल शर्मा के साथ कविता

कोमल शर्मा

ISBN 979-888521052-2

क्रम-सूची

1. About the Writer

Komal Sharma

Komal Sharma

लेखक का नाम कोमल शर्मा है। वह अंबाला की रहने वाली हैं। उन्होंने 2013 से एक लेखक के रूप में अपना करियर शुरू किया। वह कई एंथोलॉजी का हिस्सा बनीं और अपने स्वयं के संकलन भी

संकलित करती हैं। यह ओपन माइक और अन्य कार्यक्रम आयोजित करता है। हाल ही में वह स्पेशल 26 जनवरी गणतंत्र दिवस, कटे मीठे पल, स्कूल लाइफ, रस्क एक कहानी, 26 जनवरी, ए लाइफ स्ट्रगल, वेलेंटाइन डे, टीचर्स डे, अरमान दिल के, ड्रीम लाइफ, स्कूल द्वारा अपने स्वयं के संकलन पुस्तक नाम पर काम कर रही हैं। लाइफ, ए लाइफ स्ट्रगल, हैप्पी सोल, हाउ टू डील फेल्योर। वह हमेशा एंथोलॉजी बनाकर एक प्रकाशक और लेखक के रूप में अपने करियर पर काम करती रहती हैं। वह हमेशा एक अवसर पर एक नई किताब प्रकाशित करने की कोशिश करती हैं। एनडी आरके प्रकाशन मालिक एनडी आरके फाउंडेशन। उनकी किताबें इतनी सार्थक और शांतिपूर्ण हैं जो हमारे समाज को संदेश देने की कोशिश की जाती हैं।

Instagram: - komal_sharma_rk

अध्याय2

कैसे करूँ शुक्रिया उनका
मुझे ये संसार दिया ,
माँ बाप है वो मेरे
इतना प्यार दिया,

हे दिन पर मुझे डाँटते हैं
पर उनकी उस डांट भी प्यार है

माँ है वो मेरी ,
इसलिए मेरे हर संकट के लिए
वो मुझे बचाने के लिए सबसे पहले तैयार है ,
बात बात पर मुझे समझाती है
अच्छे बुरे की समझ वो मुझे बताती है
माँ है वो मेरी
इसलिए मेरी फिक्र
उनको सताती है ,,
रह ना जाए मुझ मे
कोई कमी,
इसलिए वो हर हुन्नर मुझे सीखती है,
माँ है वो मेरी
इसलिए पक्की नीव
बनाना चाहती है ,,
सो जाती हूं जब में रात में,
वो हाथ पैर मेरे सब दबाती है
माँ है वो मेरी
इसलिए बिना कहे
सब समझ जाती है ,,
आखिर माँ है वो मेरी ।।

ख्वाहिशो से भरा आसमान है ...मेरे mma papa मेरा जहांन है
इस दुनिया मे लायी वो मेरी mma है
ऊगली पकड़ कर चलना सिखाया वो मेरे पापा है
उनसे ही तो मेरी ज़िंदगी की शुरुवात है
ख़्वाशियो से.............।।
हर वक्त साथ निभाया ,
गलती होने पर भी समझाया,
सुख दुख में मैंने उनको साथ पाया ...
वो ही तो मेरी जान है
ख़्वाशियो से भरा........।।
सबसे बढ़ कर मुझे पढ़ाया है,
आगे चलना मुझे सिखाया है,,
हर ख़्वाशियो को अरमान बनाया है
मेरे हर सपने को सच बनाया है,,
ख़्वाशियो से भरा आसमान है....।।

कृपा तो तेरी इतनी है मेरी सरकार,
बिना माँगे सब मिल जाता है हर बार,,

इतना हौसला ही काफी है,
तुम मेरे साथ हो,
चाहे कुछ भी ना आए मुझे,
लेकिन आप मेरा विश्वास हो,,

मेरी हर जिद को पूरा किया,
वो मेरे माँ बाप है,
Rk जैसा प्यार मिला,
जो हर पल मेरे साथ है,,

ऐ भगवान तेरा क्या समाचार ,
कही बीमारियों से कही तूफानों से हो रहा विनाश ,,

एक लड़की गरीब परिवार से थी ,उसके घर मे पढ़ाने के लिए तो क्या खाने के लिए भी पैसे नही होते थे, पर उसको पढ़ने का बहुत शौख था, वह सुबह उठते ही लोगो के घर जा कर काम करती फिर

स्कूल जाती ,फिर स्कूल से आ कर लोगो के घर काम करने जाती रात को पढ़ती ,ऐसे ही दिन साल गुजर गए ,वो लड़की भी बड़ी हो गई, अपनी मेहनत से घर और अपनी पढ़ाई को भी बहुत आगे ले गई ,आखिर वो असली दिन आया जब उसने पहला फिर दूसरा ,फिर इंटरव्यू दिया और वह सफल हो कर " आई एस "बन गई, उसके घर वाले ही नही सब देखते हैं, मेहनत और लग्न से सब मिल जाता है बस कदम बढ़ाने की जरूरत होती है ,

छोटी सी चींटी ने भी कर दिखाया,
हर मुश्किल राह को आसान बनाया,,
हजार बार गिर कर भी
उसने खुद को सँभलना सिखाया

हर मुश्किल राह को आसान बनाया,,
अपने से भी ज्यादा वजन उठाया है,
अपनी मंजिल तक खुद को पहुचाया है,,
अनेक रास्ते रुकने पर भी
अपना रास्ता खुद बनाया है,
हर मुश्किल राह को आसान बनाया है,,
छोटी सी चींटी ने भी कर दिखाया है,
हर मुश्किल राह को आसान बनाया है,,

बढ़ना चाहती हूं ,इतना आगे ,,
टूट कर भी नेक हो इरादे,,

ऐ मंजिल तेरा इंतजार है
ना जाने कब से आँखे बेकरार है

माँ सरस्वती तुम महान
करदो माँ हमारा कल्याण
विद्या की देवी
माँ सरस्वती मेरी
कठ में विराजती
हाथो में वीणा
मुकट सर पर साजती

कोमल शर्मा

करदो माँ उद्धार
लगा दो मेरी नैया पार
माँ सरस्वती तुम महान
करदो माँ हमारा कल्याण
माँ सरस्वती तुम महान
करदो माँ हमारा कल्याण

किसी ने महाकाल ,
किसी ने भोले नाथ बतलाया,,
किसी ने शिव जी नाम दे कर अपनाया,,
तेरे है रुप अनेक,
तेरी महिमा है एक,
गिरते को भी तूने सबलना सिखाया
शिव जी नाम दे कर अपनाया,,

नंदी की सवारी,
भाग है प्यारी ,,
पार्वती के साथ
क्या जोड़ी खूब तुम्हारी,,
सड़को पर भीड़ लगी भारी
जब कावड़ लेने चले शिव के पुजारी
भांग सोटा ,सावन में
शिव जी रंग होता ।।
भोले नाथ तेरी महिमा अपरम्पार ।
तेरे से ही ये संसार ।।

अब तक तो पेड़ो से लगता था जाम,,
बारिस से तो रोड ही बन्द ,,
ट्रैफिक ना ले जाने का नाम
क्या करे अब इंसान ।।

कोमल शर्मा

सर्वप्रथम भारत मां को है नमन,
जिसकी गोद में हुआ अनेक वीरों का जन्म!
जब-जब शत्रुओं की हमारे वतन पर नजर पड़ी,
तब किसी ने हिंसा से ,तो किसी ने अहिंसा से भारत मां की लाज रखी!
ऐसे ही वीर थे 'नेताजी' सुभाष चंद्र बोस,
जिनमें था अदम्य साहस, पराक्रम और जोश!
"तुम मुझे खून दो,मैं तुम्हें आजादी दूंगा" यह था इनका नारा,
राष्ट्र को ही समर्पित था जीवन इनका सारा!
प्रत्येक कार्य मे थी, इनकी बुद्धिमत्ता और प्रखरता,
1938 में की हरिपुरा अधिवेशन की अध्यक्षता!
देश भक्ति की अलक समस्त जनमानस में जगाई,
1943 में 'आजाद हिंद फौज' से क्रांति आई!

???'नेताजी' सुभाष चंद्र बोस की जयंती पर करबद्ध नमन।??

दिन बीते रात बीती
बीते महीने ओर साल
जिंदगी का एक एक पल कीमती है जनाब ।।

दो हाथ जोड़े,
माँगा ना आज कुछ और,
एक नई किरण
अब ना मुझे तोड़,,

दुनियां तो इश्क में जगाती है यार,
कोई गम में राते गुजारते है यार,,
पर हम तो अपने ही काम मे लगे रहते हैं यार,,

ना बड़े बड़े अरमान चाहिए,
ना आलीशान मकान चाहिए,,
जिंदगी में बस प्यारी सी मुस्कान चाहिए ।।

कोई चले ना चले मेरे साथ,
पर मेरी परछाई तो जरूर देगी मेरा साथ,,

ना जाने ये कैसी वैक्सीन लगवाई,
सारी रात दुःख दर्द में गवाई,,

समय का ना रहा अब ख्याल,
प्यार और दर्द के अलावा भी होते हैं कुछ काम ,,

एक चाय का ही तो नशा करती हूं यार,
जिसे है मुझे बेहद प्यार,,

फर्क नही पड़ता है,
मुझे,,
कोई मुझे पसंद करे या ना करे,,
खुद सही रहना है मुझे ,
इस दुनिया की क्या परवाह मुझे,,

कोमल शर्मा

जिंदगी भी इयरफोन की तरह है यार,
कितना भी सुलझा लो, फिर भी उलझ जाती हैं जनाब,,

माना में समझदार नही हूँ,
कोई समझकर कर तो देखे,
इतनी भी नादान नही हूं,,

नखरे उठाना हर किसी
के बस की बात नही,
माँ बाप ही है वो
उन जैसी किसी मे खास बात नही,,

खुद से कुछ करने का जज्बा रखती हूं।
हार जीत से ही में,सीखने का जज्बा रखती हूं ।।
अनेक मुश्किले आने पर भी,
उनसे डट कर सामना करने का जज्बा रखती हूं।।
आज हर कोई बात बोल कर चला जाता है
पर में उनकी बातों पर भी अमल करती हूं।।
क्योंकि में,,,,,
खुद से कुछ करने का जज्बा रखती हूं।।
लाख बार गिर कर भी उन आसमान की बुलंदियों को याद करती
हूं, जिसको छूने के लिए दिन रात करती हूं।।
आज नही कल रहता इंतज़ार, जाने कब मिलेगी मंजिल कब होगा

वो दिन वार।।
उस "माँ" को याद करती हूं,जब ना होता था एक पैसा,
जो मेरी पढ़ाई के लिए कर देती थी दिन रात एक जैसा ।।
मेहनत कर सबसे लड़ -झगड़ कर, पढ़ने भेज देती थी हमेशा,,
ऊगली पकड़ कर,जिसने चलना सिखाया,
वो है मेरे "पापा"
जाने कब बोलेगे की हर "कामयाब"
हो मेरी बेटी जैसा।
उन कामयाब बेटियों की तरह में भी कामयाब होना चाहती हूं,
क्योंकि में,,,,,,,,,,,,,
खुद से कुछ करने का जज्बा रखती हूं।।

खुद को इतना काबिल बनाओ
जो हमे गलत समझते हैं,
उन्हें कुछ कर के दिखाओ,,

है कान्हा तोड़ दिया तूने इस डगर,
सँभलना भी चाहू तो किस कदर,,

हर पल देखती रहूं तुझे ,करती रहूं बहुत प्यार,
हमारे प्यार में न आए कोई दरार ।।

काश ऐसा हो जाए,
दिन और रात बढ़ जाए ,,

7 दिसंबर का दिन है मेरे लिए
बहुत खास ,,
आज के दिन से शुरू हुई थी,
मेरी "कला" की शुरुवात

बदल गई है दुनिया,
बदल गए वो यार पुराने,
रह गए अकेले,
हम दीवाने,,

खेल ही खेलना है जनाब,,
Game खेल लिया करो,,
पर किसी की ज़िंदगी के साथ नही,,

कोमल शर्मा

मेहनत को जान,
तू भी है इंसान
में हूं किसान
में ना करना चाहता कोई आंदोलन
मुझे दे दो मेरे हक की वदोलत
मेहनत करता, धूप में तपता,
रात दिन कर के मुझे मेहनत का फल मिलता,

अगर किसान न रहता
सबके पेट कहाँ से पलता,
मेहनत को जान
तू भी है इंसान
में हूं किसान
हाँ में हूं किसान ।।

तू ही मेरा सहारा
तेरे बिन न कोई गुजारा,,

कभी कभी घर मम्मी
न होने पर ,
वो उठते ही चाय बनाती
छोटी है पर बड़ी होने के फ़र्ज़ निभाती,
समझदार हैं वो मुझे भी समझाती,
कभी बहन तो कभी सहेली बन जाती
छोटी है पर बड़ी होने के फर्ज निभाती,,
पढ़ाई हो या ओर कार्य,
बखूबी निभाती,
छोटी है पर बड़ी होने के फर्ज निभाती,
मेरे से छोटी है,
पर
बड़ी होने के फर्ज निभाती है ।।

सुबह के बाद शाम होगी,
दिन के बाद रात होगी,

जिंदगी है हमारी,
आप के नाम होगी

तेरे होने से मुझमे नूर है,
तू कही भी हो ,
मेरे दिल मे जरूर है,,

मेरी आँखों ने कुछ भी नही फोड़ा है,
पर देखने के लिए कुछ भी नही छोड़ा है,,
चाहे बाजार हो गाँव हो या शहर हो शरीर मे विस्फोट हो,
समाज मे घर मे या दिल मे लगी चोट हो,,
कैमरे मैं आ गए मीडया में छा गए,
बम फोड़ने वाले हमसे ही डर कर बाग गए,,
रिस्क मेरा,
हर जगह नाम तेरा,,
अपने देश वाले ही आतंकियों के हाथों में जा रहे,
विस्फोट वालो के सामने अपनी सफलता गिनवा रहे,,
मेरी आँखों ने कुछ भी नही फोड़ा है ।
पर देखने के लिए कुछ नही छोड़ा है ।।

Printed by Libri Plureos GmbH in Hamburg,
Germany